CAISSE D'ÉCONOMIE

DES

DÉBITEURS HYPOTHÉCAIRES.

SOCIÉTÉ ANONYME.

MÉMOIRE

ADRESSÉ

A M. le Ministre de l'Agriculture et du Commerce,

PAR

M. VALDENAIRE,

DOCTEUR EN DROIT, ANCIEN AVOCAT A LA COUR DE PARIS ET A CELLE DE NANCY.

PARIS.

65, Rue Blanche.

1848.

Imp. de Madame de Lacombe, rue d'Enghien, 12.

CAISSE D'ÉCONOMIE

DES

Débiteurs Hypothécaires.

SOCIÉTÉ ANONYME.

Utilité de l'Institution.

Il ne s'élève qu'un cri : *Libérer la propriété foncière, la mettre à même d'emprunter;* et là-dessus chacun de présenter un plan. Différents comme les esprits qui les enfantent, ces plans cependant se rencontrent en un point : *émettre un papier de crédit hypothécaire qui conduise au double résultat de la libération et de l'emprunt.*

Pas de doute que donner aux propriétaires fonciers la facilité, soit de s'acquitter, soit d'emprunter avec un papier de crédit à intérêt modéré et remboursable à leur convenance, ne rentre dans les projets qui méritent un sérieux examen. Mais ici se présente une première question : est-il possible d'émettre aujourd'hui un tel papier ?

Cette question est résolue par l'état actuel de notre législation hypothécaire. Tout le monde en connaît les imperfections, et il suffit de les rappeler, pour que chacun reste convaincu de l'impossibilité absolue de la faire servir à la garantie d'un papier de circulation.

S'en suit-il pourtant qu'on ne puisse rien faire aujourd'hui pour la propriété ? N'y a-t-il donc que des valeurs hypothécaires circulantes qui puissent l'alléger ?

Nous ferons d'abord observer que, quel que soit le mode de procurer des capitaux à la propriété immobilière, qu'on se tienne à celui de l'obligation notariée ou qu'on adopte plus tard celui d'un papier de crédit, il n'en est pas un où il ne faille en définitive que l'emprunteur rembourse. Or, pour y parvenir, celui qui ne veut pas recourir à la vente de ses biens n'a qu'une ressource, c'est *l'épargne*. « Il n'y a qu'un moyen de se libérer, c'est de consa-
» crer, chaque année, une partie de ses revenus à former un nouveau capi-
» tal, jusqu'à ce qu'il soit devenu aussi considérable que celui qu'on a
» emprunté; tous les calculs des publicistes, tous les raisonnements des
» plus profonds économistes aboutissent tous à mettre hors de doute une
» vérité si simple (1). »

Ceci posé, la question : *Quel moyen, autre qu'un papier de crédit, peut affranchir la propriété?* reçoit une réponse que chacun donnera : *Il faut que le propriétaire affecte une partie de ses revenus à sa libération.*

On objectera à l'instant que les propriétaires, qui doivent par obligations notariées, toujours à court terme, ne pourront se libérer de cette manière. Il est incontestable que le temps voulu pour s'acquitter avec des économies, d'une part, et l'échéance rapprochée des obligations notariées, d'autre part, paraissent s'opposer à ce que le débiteur se libère avec ses revenus ; mais cette impossibilité n'est réelle que pour les débiteurs pris *individuellement*. Qu'ils cessent de s'isoler, qu'ils se réunissent, qu'ils concentrent leurs épargnes dans une seule main, il n'en sera plus de même. Celle-ci recevant annuellement les épargnes de tous, et n'ayant à rembourser annuellement qu'une partie des capitaux qu'ils doivent, puisque, par la force des choses, l'échéance en tombe à des époques différentes, il lui suffira, pour pouvoir y faire face, de veiller à ce que les capitaux échus n'excèdent pas la masse de ses encaissements, et cela est une affaire que le calcul et l'ordre rendent facile, comme on le verra ci-après, au titre ; *Époques des remboursements*. On voit donc que, au moyen de la concentration des épargnes, les débiteurs peuvent arriver à leur libération avec une facilité inconnue jusqu'à présent; et on doit en conclure que, si aujourd'hui les propriétés sont énormément grevées, cela tient principalement à l'absence de toute institution qui permette cette concentration.

En vain, plusieurs en attribuent-ils la cause à ce que l'intérêt des emprunts est plus élevé que le rapport des propriétés qui leur servent de garantie. Une simple observation réduira à sa valeur ce motif, qui n'entraîne que trop de personnes.

On prête à l'homme, à l'industrie, et non à la propriété, qu'on accepte seulement en nantissement, comme on pourrait accepter toute autre valeur,

(1) *Cours d'Économie politique* de M. Say, vol. VI, pages 196 et 197.

même ne donnant aucun revenu ; par exemple, un lingot d'or ou d'argent. D'après cela, il est évident que c'est au travail qui utilise le capital emprunté à pourvoir à l'intérêt, et que la différence du taux de l'emprunt au rapport de la propriété donnée en nantissement (1) n'est pour rien dans la question. Or, comme c'est effectivement à l'industrie que reviennent en grande partie les capitaux empruntés, et qu'il lui faut, en général, des années pour reproduire ceux qu'elle a reçus, il s'en suit que c'est au défaut de temps qu'il faut encore ici attribuer la difficulté de la libération, et par suite l'augmentation des charges de la propriété.

Ainsi, sous quelque face qu'on envisage la question, il apparaîtra toujours que la gêne des propriétaires a sa principale cause dans le manque d'une institution qui leur donne le temps nécessaire pour se libérer peu à peu.

C'est pour remplir ce vide que la Caisse d'économie des débiteurs hypothécaires est fondée. Elle sera le centre auquel viendront aboutir, pour y fructifier, s'y former en capitaux, des sommes que l'esprit d'ordre, stimulé par l'attrait qui s'attache à toute libération, aura seul créées. Il arrivera, de ce caractère des sommes versées à la Caisse d'économie, que les annuités s'acquitteront avec satisfaction, le débiteur, à chaque versement, voyant se détacher un anneau de la chaîne qui l'enlace, tandis que les intérêts des sommes empruntées, quoique d'un chiffre inférieur aux annuités, se paient avec regret, parce que, les payât-on éternellement, on ne reste pas moins rivé au principal.

Au milieu de toutes les questions soulevées aujourd'hui à l'occasion du crédit foncier, il convient de faire voir que l'à-propos d'une telle institution ne souffrira pas même de l'émission d'un papier représentatif du sol, dont la réforme de la législation hypothécaire peut un jour permettre la création.

D'abord, il est certain que toute valeur, quelles que soient les prérogatives qu'on lui attribue, ne changera la nature d'aucune des dettes existantes au jour de son apparition. Qui pourrait en douter ? Il faudrait que le créancier fût contraint de la recevoir, et il ne pourrait l'être sans une violation du droit de propriété qu'on ne peut supposer, sans une subversion déplorable de principes sociaux telle qu'on oubliât que, *en matière de crédit, il n'y a rien de plus impuissant que la force*, ainsi que cela a été dit avec tant de raison.

Il nous sera également aisé de démontrer que ce futur papier, quant aux emprunts postérieurs à son émission, ne portera non plus aucune atteinte à l'utilité de la Caisse d'économie, qu'il viendra, au contraire, en augmenter l'opportunité. En effet, tout titre reposant sur le crédit territorial exige une

(1) La somme empruntée étant toujours fort inférieure à la valeur du gage, il s'en suit que, sous ce rapport encore, la comparaison entre l'intérêt des emprunts et le produit du gage est inexacte.

appréciation préalable de sa garantie. Productif d'intérêts, il doit être remboursable, et, pour cela, il faut que l'emprunteur soit soumis à une rétribution annuelle, car, si les bienfaits de l'amortissement sont mis en doute quand il s'agit des affaires publiques, il n'en est pas de même quand il s'agit des affaires privées ; nous ne sachions pas que nul ait encore émis une opinion contraire. La création d'un papier hypothécaire entraîne donc :

Premièrement, l'examen des titres et de la valeur des immeubles offerts en garantie ;

Secondement, le service des intérêts du papier et son remboursement ;

Troisièmement, l'encaissement d'une rétribution annuelle, et, en cas de non-paiement, l'expropriation du débiteur.

Or, des détails et des charges de cette espèce ne conviennent pas à l'Etat. Leur nature elle-même indique les graves inconvénients qui doivent l'en éloigner. Par de puissantes et saines considérations, il n'a pas voulu de la Banque de France et de ses produits, il ne voudra pas davantage d'une Banque immobilière et de ses chances de bénéfices. En cela, il imitera les gouvernements qui ont mobilisé le sol. Comme eux, il reconnaîtra que le crédit grandit par l'association et arrive à son apogée par le concours de la puissance publique ; comme eux alors il se contentera d'intervenir, mais à titre de surveillant seulement, dans toute émission de papier, et en laissera supporter les conséquences à une association composée d'hommes dont les noms et la fortune viendront en consolider le crédit. Il marchera d'autant plus dans la voie que ces gouvernements ont ouverte, que les résultats obtenus par l'expérience de plusieurs années viennent témoigner en faveur de leur haute sagesse (1).

Ce sont là les motifs qui nous autorisent à dire que la Caisse d'économie, loin de perdre de son utilité au cas de la création d'un papier sous la surveillance de l'Etat, en acquerra, au contraire, une plus grande, parce qu'elle offrira de suite l'organisation indispensable à son émission, et accélèrera ainsi les bienfaits de la mesure.

Enfin, dans le cas même où l'événement viendrait renverser nos prévisions; dans le cas où un papier permettrait aux débiteurs actuels de se libérer violemment, contre toute légalité, sans tenir compte de la résistance des créanciers ; dans le cas où une banque immobilière viendrait, contre tous les principes en matière de crédit, fonctionner au nom et pour le compte de l'État, la Caisse d'économie survivrait encore, parce qu'elle offrirait toujours une ressource à ceux auxquels l'impossibilité de remplir les conditions impo-

(1) *Des Institutions du Crédit foncier en Allemagne*, par M. Royer. — *Du crédit et de la Circulation*, par le comte Auguste Cieszkowski.

sées interdirait la délivrance du papier libérateur, et ceux-là seront toujours nombreux.

Opérations.

Nous avons vu que la Caisse d'économie a pour but de recevoir les annuités que les débiteurs hypothécaires destinent à leur libération et à les employer au remboursement de ce qu'ils doivent. D'après cela, lorsqu'un débiteur demande à s'acquitter par annuités et à mettre la Société en son lieu et place à l'égard de son créancier, il intervient, sous le nom de *Contrat de libération*, un acte *sous-seing privé*, dans lequel le débiteur s'engage à se libérer par des annuités payables tous les six mois, et la Société, d'un autre côté, s'oblige à faire le service des intérêts et à rembourser le créancier.

Comme toute Société doit, pour subvenir à ses besoins, percevoir une commission, il a été dit que le taux auquel la Caisse d'économie tiendrait compte de l'annuité serait inférieur d'*un pour cent* à celui de son emploi; en d'autres termes, que l'annuité serait calculée à un intérêt inférieur d'un pour cent à celui de la somme empruntée. Par exemple, si le débiteur a emprunté 1,000 fr. à l'intérêt de *cinq*, les annuités qu'il devra payer seront calculées à celui de *quatre*. A ce taux par an, et les annuités payables au commencement de chaque semestre, le débiteur se libère :

Dans 8 ans, par 16 demi-annuités de 77 fr. 48 c.
Dans 10 ans, par 20 demi-annuités de 65 fr. 56 c.
Dans 12 ans, par 24 demi-annuités de 57 fr. 75 c.
Dans 14 ans, par 28 demi-annuités de 52 fr. 30 c.
Dans 16 ans, par 32 demi-annuités de 48 fr. 33 c.
Dans 18 ans, par 36 demi-annuités de 45 fr. 35 c.
Dans 20 ans, par 40 demi-annuités de 43 fr. 06 c.

Si l'emprunt était fait à un intérêt inférieur à cinq, l'annuité serait d'autant plus diminuée que le taux de l'emprunt serait plus bas, de manière que les statuts sont appropriés à toutes les variations que le taux des placements hypothécaires peut éprouver, et que l'emprunteur profite seul de la diminution de l'intérêt.

Quoique nous n'ayons pas étendu le tableau au-delà de 20 ans, celui qui veut payer une rétribution semestrielle moins élevée peut néanmoins prendre, pour se libérer, un temps plus long. Les statuts ne mettent à cet égard aucune restriction.

Moyennant que le débiteur acquitte ses annuités à mesure de leurs échéances, la Caisse paie les intérêts jusqu'au jour où elle doit désintéresser le créancier. Ce jour arrivé, elle effectue le remboursement; il en est passé un acte *notarié* qui la subroge dans l'hypothèque du créancier, et lui garantit par conséquent le paiement des annuités dont le débiteur est encore redevable à l'époque où elle rembourse pour lui. De sorte que, par le paiement de ses annuités, celui-ci se trouve totalement dégagé envers son créancier, et n'en a plus d'autre que la Société.

Ces points fondamentaux réglés, les statuts prévoient divers cas, qui peuvent se présenter pendant le cours de l'opération, entre autres ceux-ci.

Il peut être parfois à la convenance des débiteurs d'acquitter leurs annuités par anticipation, en tout ou en partie. Il leur en est alors tenu compte au taux auquel les annuités ont été calculées.

Le paiement de l'annuité peut au contraire être retardé. Dans ce cas, il est dit qu'elle sera augmentée de son intérêt à cinq pour cent par an, pendant le temps du retard, sans préjudice à la faculté d'en exiger la rentrée.

Enfin, le débiteur peut vouloir rompre son opération. Les statuts lui en réservent le droit. Dans cette hypothèse, il rentre dans les sommes qu'il a versées, après un décompte qui laisse à la Société un pour cent par an des annuités échues. Mais, les commissions ayant été réduites à ce taux, dans la pensée seule que la continuation de l'opération permettrait à la Société de les recevoir toutes, et par là de se couvrir, il est évident que la résiliation du traité lui cause un dommage; et, comme tout dommage doit être réparé, il a été stipulé que le débiteur paierait, à titre d'indemnité, cinq pour cent du capital dont les annuités qu'il a versées ne l'auraient pas libéré.

Nous ferons observer combien cette indemnité a été rationnellement réglée. Dès lors qu'elle a pour but de couvrir le préjudice occasionné par la rupture de l'opération, il faut qu'elle repose sur une base qui toujours la proportionne au préjudice causé. C'est ce qui a lieu en en faisant dépendre le montant de celui d'un capital dont le chiffre est d'autant moins élevé que le débiteur a payé plus d'annuités, par conséquent, que le préjudice est moins grand.

Un exemple nous fera mieux comprendre : Une opération est rompue après trois ans; la Société prélève six commissions sur les six annuités semestrielles payées pendant les trois ans, et une indemnité de 5 pour cent sur le capital restant à amortir, qui se compose du capital emprunté, moins ce que six annuités ont amorti. Si l'opération était rompue après six ans, la Société aurait reçu douze commissions ; mais, en revanche, elle percevrait une moindre indemnité, puisque le capital restant à amortir serait moins élevé que dans le premier cas.

L'opération, sous le rapport des avantages qu'elle offre aux débiteurs, est traitée ci-après au titre : *Avantages des débiteurs.*

Époques des Remboursements.

Les époques du remboursement des capitaux mis à la charge de la Caisse importent trop pour qu'elles n'aient pas donné lieu à une étude particulière. Nous avons vu que le principe fondamental de la Société est une concentration, une agglomération, qui permet aux annuités de reproduire les capitaux à mesure de leurs échéances. L'application de ce principe veut donc un rapport parfait entre la masse des annuités encaissées et les remboursements à effectuer. Il était alors indispensable d'arriver à ce que les échéances fussent telles, que les capitaux échus n'excédassent jamais la masse des annuités rentrées.

Voici comment ce point si important a été réglé.

Le calcul est venu révéler que, dans une série d'opérations, la concentration des annuités met à même de rembourser à moitié de la durée de chaque opération (1). D'après cela, l'article 6 des statuts a posé, comme règle générale, que la Société rembourserait :

A la fin de la 4e année, dans les opérations de 8 ans.
A la fin de la 5e année, dans les opérations de 10 ans.
A la fin de la 6e année, dans les opérations de 12 ans.
A la fin de la 7e année, dans les opérations de 14 ans.
A la fin de la 8e année, dans les opérations de 16 ans.
A la fin de la 9e année, dans les opérations de 18 ans.
A la fin de la 10e année, dans les opérations de 20 ans.

Cependant, comme il sera des créances dont les échéances ne pourront être mises en harmonie avec ces époques, et qu'il se peut que les circonstan-

(1) Supposons qu'il soit fait aujourd'hui 20 opérations d'une durée de 20 ans, chacune. Quoique chaque opération prise isolément ne donne les 20 annuités nécessaires à son remboursement qu'au bout de 20 ans, cependant, la Société peut rembourser un capital tous les ans, car elle reçoit, tous les ans, 20 annuités.

Modifions maintenant cet exemple, si bien fait pour donner une idée de la puissance de la concentration, et supposons que, au lieu de 20 opérations aujourd'hui, il en soit fait une, tous les ans. Il arrivera qu'à partir de la dixième année la série aura donné et continuera à donner, tous les ans, 20 annuités. La Société pourra donc rembourser un capital à la dixième année, moitié de la durée de l'opération faite la première année, et continuer à en rembourser UN, les années suivantes, dont chacune répond à la moitié de la durée de l'opération faite dix ans avant.

ces permettent au conseil d'administration de ne pas voir, dans cette impossibilité, un obstacle au traité; comme il se peut aussi que des débiteurs soient certains d'obtenir, à l'échéance, des prolongations de crédit, si fréquentes à la suite des prêts notariés, on a pensé qu'il convenait de laisser à la Société le droit d'aviser à ce que son intérêt lui commandera dans ces circonstances, ou en prenant l'engagement de devancer l'époque du remboursement fixée par l'article 6, ou en se contentant de l'engagement du débiteur de faire proroger le terme. En conséquence, l'article 7 ajoute : « Dans » le cas où l'échéance du capital à rembourser ne coïncide pas avec l'époque » du remboursement déterminée par l'article 6, la Société peut prendre l'en» gagement d'effectuer le remboursement à l'époque de l'échéance. Si la So» ciété se refuse à cet engagement, l'opération ne peut avoir lieu qu'autant » que le débiteur s'oblige à faire proroger le terme avant l'échéance, de » manière à la faire concorder avec le terme fixé par l'article 6. »

Ces dispositions satisfont à tout.

D'un côté, le principe général posé en l'article 6 met la Société à l'abri du danger de tout remboursement intempestif.

D'un autre côté, la latitude qui lui est donnée par l'article 7 lui permet de sortir de cette règle, quand elle estime qu'elle peut le faire sans danger.

En dernière analyse, la faculté laissée au débiteur de traiter, en s'obligeant à faire proroger le terme, lui permet d'utiliser, soit les prorogations de crédit que la plupart des créanciers accordent, surtout quand les intérêts sont servis avec exactitude, soit, à défaut de ces prorogations, d'utiliser celles qui résultent du transport de la créance aux mains d'un tiers.

Sécurité des Opérations.

Qui saisira la marche des opérations concevra toute la sécurité qu'elles présentent.

Tant que la Société n'a pas remboursé, elle est *Caisse d'épargne*, faisant valoir les fonds que le débiteur lui a versés et acquittant les intérêts qu'il a mis à sa charge. Elle n'a évidemment, pendant ce temps, aucune garantie à lui demander, puisqu'elle en reçoit, en annuités, une somme supérieure aux intérêts qu'elle paie pour lui. Quand arrive l'échéance du capital, elle devient *Caisse de remboursement*. A cette époque, naît pour elle la nécessité de recevoir une garantie, car, le débiteur dont le capital est à échéance n'ayant soldé qu'une partie de ses annuités, elle doit compléter le remboursement avec des annuités venant d'autres opérations. Ce sont ces dernières annuités qui réclament une sûreté hypothécaire, et elles ne la réclament pas en vain. Elles la trouvent dans la subrogation notariée consentie par le créancier à l'instant où il est désintéressé, subrogation qui assure la rentrée de ce que doit encore le débiteur pour lequel on rembourse, qui assure par conséquent la rentrée des annuités à l'aide desquelles le remboursement est complété. On comprend à l'instant combien cette subrogation est puissante.

Elle met d'abord les annuités complémentaires aux droits d'un créancier que tout fait présumer avoir fait un bon placement, car, si les difficultés de notre législation hypothécaire sont réelles en droit, elles disparaissent, faut-il dire, en fait. La vigilance des capitalistes, les soins d'un notaire éclairé et la connaissance des localités remédient aux imperfections de la loi, à ce point que tout le monde prête sur hypothèques, et que le nombre des mauvais placements est très faible relativement à celui des sommes placées. De plus, l'examen approfondi, que la Société a fait elle-même du mérite de ces présomptions, leur donne une force telle qu'elles tiennent de la certitude.

La subrogation, ensuite, comprend la totalité des droits du créancier, de manière que les annuités complémentaires, quoiqu'elles n'entrent que pour partie dans le capital remboursé, sont garanties comme l'était le capital entier.

Il y a donc pour ce complément un surcroît de gages immobiliers, qui en fait un placement hypothécaire de premier ordre.

Devant ces explications, on pensera peut-être comme nous que les opérations présentent la plus complète sécurité. Néanmoins, la Société a admis les cas imprévus, auxquels il n'est permis à aucune institution de ne pas se croire exposée. Mais en même temps elle s'est dit que, les cas imprévus se répartissant sur un grand nombre d'opérations, il y avait lieu de les soumettre aux probabilités, qui permettent d'apprécier toute chance de sinistres, et qu'il était possible de les ranger parmi les choses susceptibles d'assurance, et, de plus, d'une assurance qu'elle pouvait faire elle-même. En conséquence, elle consacre, à parer aux événements, une portion de ses bénéfices, qui, déterminée annuellement par le Conseil d'administration, constitue, sous le nom de *Réserve*, une véritable assurance.

Avantages des Débiteurs.

Le principe de l'association admis, il convenait, afin de mieux en garantir le succès, de chercher à présenter le plus d'avantages possibles aux débiteurs.

Nous avons vu que la Caisse d'économie fait disparaître un remboursement rapproché, et le remplace par un remboursement réparti sur de longues années. Cette transformation lui donne une utilité que les débiteurs chercheraient vainement dans une caisse d'épargne. Celles-ci viennent bien en aide à qui veut se composer un capital, mais elles ne sont d'aucune ressource à qui veut se libérer. Le motif en est palpable. Pour se libérer avec des épargnes, il faut le temps d'en faire jusqu'à ce qu'elles forment un nouveau capital égal à celui qu'on doit. Or, aucune caisse d'épargne ne donne ce temps, sans lequel tous efforts pour arriver à la libération sont impuissants. La Caisse d'économie, qui en fait jouir le débiteur, lui offre donc, sous ce premier rapport, un avantage des plus précieux.

Il en est un autre qui assimile la Caisse d'économie à une caisse d'épargne ; nous le ferons apprécier par un exemple. Prenons une opération d'une durée de vingt ans et de 1,000 fr. empruntés à l'intérêt de *cinq* p. 0/0. Comparons la position du débiteur resté dans les conditions ordinaires à la position de celui qui recourt à notre mode de remboursement.

Le premier, se libérant dans l'espace de vingt ans, selon la forme habituelle, paie :

1° 25 fr. par semestre, pour intérêts du capital emprunté ; donc, pendant vingt années, 40 fois 25 fr. . . .	1,000 fr.	c.
2° Pour remboursement du capital	1,000 fr.	c.
Total.	2,000 fr.	c.

Le second, se libérant dans l'espace de vingt ans, selon notre mode, paie, tous les six mois, tant pour intérêts que pour amortissement, 43 fr. 6 c., savoir :

25 fr. c.	pour intérêts du capital emprunté; donc, pendant vingt années, 40 fois 25 fr.	1,000 fr. c.	
18 fr. 06 c.	pour amortissement ; donc, pendant vingt années, 40 fois 18 fr. 06 c.	722 fr. 40 c.	
43 fr. 06 c.	Totaux	1,722 fr. 40 c.	1,722 fr. 40 c.
		Différence . . .	277 fr. 60 c.

Ajoutons que celui qui s'acquitte par annuités échappe aux frais de trois renouvellements d'emprunt au moins, auxquels donne lieu la libération accoutumée, dans le cours de vingt ans; ce qui, à raison de 3 p. 0/0 chaque fois, fait une économie de	90 fr. c.
Total de la différence	367 fr. 60 c.

Ainsi, par notre mode de remboursement, le débiteur de 1,000 fr. débourse 367 fr. 60 cent. de moins que celui qui se libère dans la forme ordinaire. On saisit comment la Caisse d'économie a pu le faire arriver à ce résultat, tout en bonifiant d'un pour cent sur le montant des annuités ainsi qu'on l'a vu au titre : *Opérations*. Dès lors qu'elle emploie les annuités à désintéresser le créancier, et que, après un remboursement, le débiteur ne cesse pas, jusqu'à sa complète libération, de lui servir une annuité qu'elle continue à employer à de nouveaux remboursements, le mécanisme de la production et de la composition des intérêts joue naturellement : la Société, dans le cas que nous avons pris pour exemple, tire un intérêt de *cinq;* elle en tient compte *au débiteur* jusqu'à concurrence de *quatre*, comme le ferait une Caisse d'épargne, et *à elle-même* jusqu'à concurrence d'*un*. De cette manière, le débiteur s'acquitte, en ne déboursant en réalité qu'une portion du capital qu'il a emprunté, et la Société, cependant, bonifie d'un pour cent.

En résumé, la Société défend le débiteur contre toute action de son créancier, lui donne le temps indispensable pour transformer un remboursement rapproché en un remboursement rejeté sur un grand nombre d'années, et l'admet à l'effectuer par un déboursé de beaucoup inférieur au capital emprunté. Tels sont les titres qui la recommandent à ceux qu'elle invite à traiter.

Fonds social.

Toute association qui en appelle à la confiance publique est obligée de donner une garantie de l'exécution des lois qui la régissent. Aussi, la Caisse d'économie des débiteurs hypothécaires, qui reçoit des annuités à la charge de les employer à des remboursements, doit-elle présenter un fonds social qui rassure les débiteurs contre toute infraction des engagements pris envers eux.

A ce sujet, deux questions ont surgi; l'une, relative au chiffre du fonds social; l'autre, à l'époque de sa réalisation.

Nous avons été guidé, dans la solution de la première question, par le désir de faire marcher de front les opérations et le fonds social, c'est-à-dire, de n'augmenter l'un qu'autant que l'accroissement des autres en ferait une nécessité. Cela permettait, sans nuire à la solidité de l'entreprise, de commencer avec une fraction du fonds social, d'imposer de moindres déboursés aux actionnaires, et c'était là un mérite d'actualité que chacun appréciera.

Nous avons, en conséquence, fixé cette fraction à *un million*, et, en même temps, le montant des opérations à *trente millions*, avec réserve, lorsqu'on voudra en étendre le cadre, d'accroître également celui du fonds social. Il s'agit de savoir si, limité aujourd'hui à un million (divisé en mille actions de *cinq cents francs*), il est en un rapport convenable avec trente millions d'opérations.

Mais, avant tout, il convient d'en déterminer le caractère. Nous le trouverons en nous rappelant que les annuités suffisent aux intérêts et aux remboursements. Il en résulte que le fonds social a pour unique objet de garantir les sommes versées, tant qu'elles sont aux mains de la Société, et leur bon emploi, quand elles en sortent. Il n'est donc, en réalité, qu'un *fonds de cautionnement.*

Examinons maintenant s'il est en un rapport convenable avec trente millions d'opérations ; en d'autres termes, s'il suffit pour garantir l'*existence en caisse* et le *bon emploi* des annuités de *trente millions.*

L'examen ne laissera d'abord aucun doute qu'il suffit à la garantie des sommes encaissées. On peut s'en convaincre.

Trente millions de remboursements mis à la charge de l'association donnent lieu à des rentrées annuelles qui, les unes inférieures, les autres supérieures à dix pour cent, doivent, terme moyen, être évaluées à trois millions. Ces trois millions de rentrées, ayant lieu dans le cours de l'année, donnent, par mois, 250,000 fr., immédiatement employés à payer les 125,000 fr. d'intérêts qui, en moyenne, sont dus, chaque mois, à trente millions.

Il ne reste, par conséquent, en caisse, que 125,000 fr. pour les remboursements, et qui, devant recevoir cette destination à mesure de l'échéance des capitaux, la reçoivent dans le mois, parce qu'il en est des capitaux comme de l'intérêt ; la moyenne veut qu'ils échoient à raison de 125,000 fr. par mois. Cette démonstration fait voir qu'il y a balance entre la recette et la dépense de tous les jours. Sous le rapport donc de la garantie des espèces en caisse, le fonds social est surabondant.

Quant au bon emploi des annuités, un fonds social d'un million l'assure non moins complètement. Qu'on se rappelle que nous avons vu ci-dessus, au titre : *Sécurité des Opérations*, que les annuités ne servent jamais qu'à payer des intérêts et à compléter des remboursements ; qu'ainsi employées elles sont subrogées en des droits parfaitement garantis, et reposent sur des immeubles d'une valeur excédante; que tout cela fait de leur emploi un placement hypothécaire de premier ordre ; et l'on en conclura qu'à cet égard encore un million de cautionnement répond à tout.

Il est enfin une disposition des statuts qui a voulu poser elle-même un frein à ce que les éventualités excédassent jamais le capital de garantie. L'article 61 dit : « La dissolution de la Société a lieu de plein droit, en cas » de perte (1) de la moitié du fonds social. »

La seconde question qui a surgi est relative à l'époque de la réalisation du fonds social. Cette question, comme la précédente, trouve sa solution dans le but qu'on s'est proposé.

Destiné à garantir les annuités, le fonds social ne doit rationnellement se réaliser qu'en proportion des annuités versées. On a donc été conséquent en réduisant le premier versement à *un dixième* payable dans les trois mois de l'ordonnance, c'est-à-dire à *cent mille francs*, avant qu'il eût été fait aucune opération, et en fixant le paiement du *second dixième* à l'époque où la Société aura traité pour trois millions. Cependant, comme il eût été possible qu'on trouvât qu'un premier dixième, quelque rationnel qu'il fût relativement aux annuités encaissées, était trop faible en ce qu'il n'assurait pas suffisamment la réalisation de l'action entière, l'article 22 des statuts dit que *l'actionnaire garantira le paiement du second dixième, par un dépôt immédiat de valeurs acceptées par le conseil d'administration.*

Quant au surplus, nous avons pensé que, assuré par l'acquit des deux premiers dixièmes et par l'engagement de l'actionnaire, il convenait de laisser à la sagesse du conseil d'administration à en ordonner le versement. Nous avons pensé que le conseil puissamment intéressé au succès de la Société, moins par le nombre de ses actions que par le sentiment qui attache à la réussite de ce qu'on a fondé, ferait du pouvoir qui lui est dévolu l'usage le plus convenable aux intérêts de tous.

Avantages des Actionnaires.

Dans les institutions financières, on s'attache parfois à dissimuler les bénéfices réservés aux actionnaires, craignant que leur connaissance ne donne à penser qu'ils portent préjudice à ceux qu'on invite à traiter, et ne les détourne de le faire.

Nous, qui sommes entré dans les explications les plus étendues et les plus succinctes en même temps, au titre : *Avantages des Débiteurs*, qui n'appréhendons pas que ceux-ci se méprennent sur la source de nos réserves, et y voient un motif d'éloignement, nous ne suivrons pas un tel exemple. Nous insisterons, au contraire, sur les bénéfices de l'association, parce que l'intérêt même des contractants exige que les actionnaires ne perdent pas, partant,

(1) Nous venons de démontrer que l'on doit regarder comme impossible que cette hypothèse se réalise jamais.

qu'ils gagnent, car, suivant un axiome commercial : *Là où il n'y a pas profit, il y a perte.* D'ailleurs, la raison seule dit qu'il doit en être ainsi, si l'on ne veut pas que les actionnaires soient hors d'état de faire jouir les débiteurs des facilités de libération que l'association leur offre. Arrêtons-nous donc à la position qui est faite aux fondateurs de la Société.

Nous venons de voir, au titre précédent, que la réalisation du fonds social est graduée en raison des opérations.

Nous avons vu, au titre : *Sécurité des Opérations*, que la marche suivie par la Caisse laisse les actionnaires eux-mêmes dans la sécurité la plus complète, à l'égard des engagements pris envers les débiteurs.

Enfin, le titre *Opérations* nous a appris que l'annuité est calculée de manière à procurer à la Société une commission d'*un pour cent par an* sur les annuités échues, et que, dans le cas de rupture du traité, une *indemnité* vient remplacer les commissions dont elle est privée.

La position des actionnaires peut donc se résumer comme il suit :

1° Versements qui ont pour base une progression liée au succès, et qui donnent, par conséquent, la certitude qu'ils ne seront exigés qu'à mesure que les actions augmenteront de valeur ;

2° Sécurité complète en ce qui concerne les engagements de la Société ;

3° Commissions qui se concilient avec les avantages assurés aux débiteurs.

Si, dans cet état de choses, il se pouvait que les actionnaires ne courussent pas une chance qui toujours les inquiète : celle des frais, qui, dans toutes les entreprises, jouent un rôle si considérable, on aurait fait le possible en leur faveur. Eh bien ! ici rien de plus facile. Il suffira d'obéir à ce que commande la nature des choses, de ne donner de rétributions qu'en raison des affaires, c'est-à-dire, d'affecter une partie de la commission à l'administration, et d'en abandonner une autre partie aux agents, tant pour leurs émoluments que pour les frais de leurs agences.

Une telle mesure conduira à un autre résultat non moins remarquable, c'est que, l'administration et les agences embrassant la presque totalité des dépenses, la partie de la commission qui ne leur sera point allouée restera pour dividende. Disons le : la conséquence d'une telle mesure sera d'assurer un dividende, en quelque sorte infailliblement. Aussi, le conseil d'administration provisoire et les actionnaires ont-ils arrêté qu'il en serait ainsi.

Après cela, comme il convient de s'expliquer sur tous les points, nous dirons quelques mots des probabilités qui doivent influer sur le quantum des produits.

Nul n'ignore qu'un bénéfice, fût-il faible dans chaque affaire, prend des proportions relatives à la masse des opérations qui viennent le multiplier. Nul n'ignore non plus que toujours la quantité des opérations est en raison directe des avantages qui y sont attachés, et l'on sait combien les facilités qui constituent notre mode de remboursement l'emportent sur les facilités, ou plutôt sur les inconvénients du remboursement dans la forme ordinaire.

Doutera-t-on alors que nous n'arrivions à un grand nombre d'opérations (1), et, par suite, à des commissions qui, multipliées, assureront aux actionnaires des bénéfices d'autant plus légitimes que leur élévation ne pourra provenir que de l'utilité de l'association ?

Nous ne pouvons trop appeler l'attention sur ces résultats, parce que rien ne consolide mieux une institution que la position pleine de sécurité de ses actionnaires.

Elle est telle, cette position, que nous croyons n'avoir à défendre la Société que d'un reproche : celui de ne s'être pas réservé le droit d'admettre à la partager ceux qui, en se libérant par son intermédiaire, en sont naturellement la cause première. Hâtons-nous de la disculper.

L'article 24 des statuts est ainsi conçu : « Dès à présent, le conseil d'admi-
» nistration est autorisé à ouvrir des souscriptions pour porter le capital so-
» cial de *un million*, soit à *deux*, soit à *trois*, soit à *quatre*, soit à *cinq mil-
» lions*, à la charge de présenter le nouveau capital au gouvernement pour
» en obtenir l'autorisation nécessaire à de nouvelles opérations.

» Cette augmentation aura lieu au moyen de la création de nouvelles ac-
» tions, qui ne pourront être émises au-dessous du pair. »

A l'aide de cette disposition, les débiteurs qui traitent avec la Caisse, et qui sont en état de satisfaire aux versements imposés aux actionnaires, peuvent obtenir des actions, à l'effet d'en appliquer le dividende au paiement de leurs annuités.

(1) Le champ est vaste. Un état dressé en 1854, par ordre du gouvernement, porte à 11,233,265,818 francs le montant des inscriptions hypothécaires existantes en France.

D'ailleurs, les opérations se multiplieront d'autant plus rapidement que les créanciers eux-mêmes nous amèneront leurs débiteurs. Il ne peut en être autrement. Tout le monde sait que souvent le paiement des intérêts et le remboursement du capital le mieux assuré se font avec peu d'exactitude. Comment les capitalistes, qui trouveront ces deux avantages par l'intermédiaire de la Caisse d'économie, n'engageraient-ils pas les emprunteurs à traiter avec elle ?

Un jour, ils feront plus : ils les y obligeront, comme aujourd'hui ils les obligent à faire assurer les bâtiments qui leur sont hypothéqués.

Cette disposition concilie tous les intérêts : d'abord ceux des actionnaires du premier million, en ce qu'elle ne permet pas aux nouvelles actions d'entrer en concurrence avec eux sur les bénéfices acquis, tant que la Caisse ne compte pas les trente millions d'opérations qui font l'objet de la demande actuelle d'autorisation; ensuite, en ce qu'elle les admet également à postuler eux-mêmes ces nouvelles actions. Cette disposition concilie enfin les intérêts des débiteurs, en ce qu'elle leur réserve la possibilité de devenir immédiatement actionnaires, avec jouissance de leur privilége à une époque aussi rapprochée que possible, en présence des droits réservés aux premiers souscripteurs.

Ici se termine l'exposé des avantages matériels que présente l'association; mais il en est un autre, tout moral, qui se rattache à la qualité de fondateurs, et qui doit être considéré comme le premier entre tous.

La Caisse d'économie, véritable Caisse d'épargne des débiteurs hypothécaires, est incontestablement une institution de haute utilité publique ; mais le Gouvernement, à qui sont dues les caisses d'épargne, ne peut la fonder : ce qu'il faut pour en assurer le succès n'étant pas de son ressort. Elle est ainsi restée dans le domaine de l'industrie privée, qui doit seule alors l'asseoir sur des bases qui la consolident. La première est un fonds de cautionnement, sans lequel aucune institution financière ne peut prétendre à la confiance.

Contribuer à la réalisation de ce fonds est donc participer à la constitution d'un établissement destiné au bien-être général, et coopérer à l'un de ces actes qui honorent leurs auteurs.

Peu importe que la Caisse d'économie en soit arrivée à des dispositions qui n'exposent pas le fonds de cautionnement, qui même le font fructifier. C'est avoir trouvé le moyen de rendre son abnégation utile à soi-même, en même temps qu'aux autres.

Aussi nous est-il permis de dire, sans crainte de ne pas trouver de sympathies : le plus bel avantage des actionnaires est de fonder une institution utile à leurs concitoyens.

Conseil d'Administration.

La nature des opérations de la Caisse d'économie exigeait, dans les membres de son Conseil, non seulement la capacité indispensable à la direction de toute grande entreprise, mais encore des connaissances spéciales qu'on ne peut trouver que parmi les hommes qui ont joui de la confiance de leurs concitoyens, dans les fonctions considérées du notariat. Du moins, il était nécessaire que quelques-uns des membres du Conseil les possédassent.

Nous en avons alors appelé à d'anciens titulaires, auxquels la retraite laissait encore le loisir de se consacrer au bien général. Le caractère d'utilité de la Caisse d'économie attira leur attention, et la justesse des moyens d'exécution assura la réussite de nos efforts.

La Société put ainsi compter sur un concours de lumieres propres à résoudre toute espèce de questions, et sur un zèle bien précieux pour hâter son succès. Mais, il ne suffisait pas de conquérir le plus honorable patronage, il fallait encore se l'attacher pour un temps aussi long que possible.

A cette fin, la Société introduisit dans ses statuts des dispositions qui fixent à plusieurs années la durée des fonctions des Administrateurs, tout en soumettant cependant leur nomination à la confirmation de la première assemblée générale des actionnaires, parce qu'il convenait de faire voir que leur nomination était le résultat d'un choix éclairé, que la réflexion était venue sanctionner.

Par ces considérations, les articles 32, 41 et 47 disent :

ART. 32.

« La durée des fonctions d'Administrateur est de neuf années. A l'expira-
» tion des neuf premières années, le Conseil sera renouvelé par tiers, de
» trois en trois ans.

ART. 41.

» Sont nommés membres du Conseil d'administration, sauf confirmation
» par la première Assemblée générale, qui sera convoquée dans les trois mois
» de l'autorisation de la Société :

Messieurs :

ANTHOUARD (d'),	ancien Pair de France.
BAULNY (de),	Propriétaire.
BEAULIEU,	Propriétaire.
CHAMPION,	ancien Notaire à Paris.
COTELLE,	Notaire honoraire, anc. Maire du 6e arr., anc. Député.
CRILLON (de),	ancien Pair de France.
GRANDEFF (de),	Administrateur du chemin de fer de Nantes.
GUIFFREY,	ancien Notaire à Paris.
M.	

ART. 47.

Messieurs :

CHAMPION,	ancien Notaire à Paris.
COTELLE,	Notaire honoraire à Paris.
GUIFFREY,	ancien Notaire à Paris.

» Administrateurs, forment le Comité de direction. »

Conclusions.

Nous terminerons, par un exposé de quelques-unes des conséquences de la Caisse d'économie.

La première sera d'exercer une action favorable contre l'un des abus qu'on déplore le plus : le taux élevé, dans beaucoup de localités, de l'argent prêté sur garantie immobilière. Comment en douter ? Il est des lieux où les espèces sont rares, et, par une suite naturelle, l'intérêt cher. Là, les besoins ne peuvent être satisfaits à un taux modéré qu'autant qu'ils trouvent de l'argent au loin, dans les endroits où il abonde. Mais l'éloignement, qui rend difficile la perception des intérêts et non moins difficile la rentrée du capital, apporte au déplacement du numéraire un obstacle souvent insurmontable. Or, qu'une institution vienne changer cet état de choses, qu'elle se charge de servir les intérêts et de rembourser le créancier, il n'en sera plus de même, le capitaliste n'aura plus de motifs pour ne point accepter les bonnes garanties qui lui viendront des localités étrangères, et l'argent y arrivera au même prix que dans les lieux où il circule.

Ajoutons que le service des intérêts régulièrement fait, et les remboursements effectués sans que le créancier soit jamais obligé d'en arriver à des poursuites, ne peuvent, partout, que diriger un plus grand nombre de capitaux vers la propriété foncière, et, par conséquent, en faire baisser l'intérêt.

La Caisse d'économie est encore appelée à exercer la plus heureuse influence sur l'une des calamités de l'époque. Il est à la connaissance de tous que notre agriculture n'est point à la hauteur que doit atteindre une telle industrie ; que les travailleurs s'éloignent des campagnes pour refluer dans les villes.

Parmi beaucoup de causes occasionnelles, il en est une que la Caisse d'économie est appelée à faire disparaître.

La culture de la terre, comme toutes les autres industries, ne peut se passer de capitaux, et souvent elle en manque. De là, la grande question : *comment procurer à l'agriculture les capitaux dont elle a besoin ?* Cette question, loin d'être résolue, est en quelque sorte devenue la quadrature du cercle de l'économie politique.

Nous disons d'abord qu'elle a été mal posée. En effet, la culture de la terre ne réclame généralement qu'un capital fort inférieur à sa valeur, et le propriétaire pourra toujours le trouver (1), en engageant le sol même auquel il

(1) Nous ne nous occupons pas ici des cas exceptionnels, de ceux où il faut des capitaux hors de proportion avec la valeur du sol, par exemple : du défrichement de terres incultes, du reboisement de montagnes, etc., etc. Dans ces cas mêmes, on trouvera toujours des capitaux, l'entreprise étant jugée bonne, dût-on y intéresser des capitalistes. Autrement, c'est au gouvernement à intervenir.

le destine(1). Il est donc inutile de s'enquérir comment on le lui procurera. Mais, ce qu'il lui faut, ce sont des termes de remboursement appropriés à la lenteur de ses produits, car, autrement, le propriétaire verra, dans l'obligation notariée, ce que tout homme prudent doit y voir : une cause d'expropriation, et il n'empruntera pas, mais alors la terre manquera du capital qui lui est nécessaire ; de là, la première des industries subissant le sort de celles qui ne sont point alimentées et rétrogradant au lieu d'avancer. Si, au contraire, le propriétaire emprunte, il arrivera fréquemment qu'il ne pourra rembourser ; de là, un renouvellement de l'emprunt, des frais considérables, qui se répèteront autant de fois que, le terme arrivé, il ne pourra remplir son obligation, et qui ne feront qu'aggraver sa position : l'énormité de la dette hypothécaire en France est, en partie, due à cette cause.

D'après cela, il est évident que la question a été mal posée et qu'elle se réduit à celle-ci : *Comment libérer l'agriculture des capitaux que ses besoins lui commandent d'emprunter*? Ramenée à ces termes, la question trouve incontestablement sa solution dans les facilités de libération données par la Caisse d'économie. Ainsi, disparaîtra la cause tenant au manque de capitaux, qui nuit au progrès de l'agriculture.

Comme il n'est pas de matières où l'on s'égare plus que dans celles qui touchent à l'économie sociale, il serait possible qu'on prétendît que, étant proportionnelle à l'intérêt de la somme empruntée, l'annuité sera trop élevée pour que l'agriculteur puisse l'acquitter, tant que l'intérêt restera généralement à cinq ; partant, que la Caisse d'économie n'aura résolu le problème qu'autant qu'elle aura, en même temps, donné le moyen d'emprunter à bas intérêt.

Ce serait là une erreur. Sans entrer ici dans l'examen de ce que rapporte réellement l'industrie agricole, qui n'a rien de commun avec le loyer que tire le propriétaire, nous ferons remarquer que l'emprunt, n'étant jamais d'une somme égale à la valeur de la terre qui lui sert de gage, donne lieu à une annuité extinctive de peu d'importance, comparée au *revient* de l'exploitation entière, dans lequel on trouvera toujours amplement de quoi satisfaire à cette annuité.

Supposons, par exemple, que le propriétaire d'un bien de cent mille francs emprunte, à l'intérêt de cinq, vingt mille francs, qui peuvent suffire à la parfaite exploitation d'une terre de ce prix. S'il veut se libérer par annuités, dans l'espace de vingt ans, il paiera par semestre 861 fr. 20 c., comme il est dit au titre *Opérations*, ou, par année, 1722 fr. 40 c. Croit-on que l'exploita-

(1) Il s'agit ici d'un véritable propriétaire, de celui qui a payé la terre qu'il cultive, et non de celui qui ne l'est qu'en apparence, et ne détient qu'un immeuble grevé de charges qui en absorbent la valeur.

tion d'une terre de 100,000 francs, portée à 120,000, ne donnera pas de quoi payer facilement une annuité de 1722 fr. 40 c.? (1)

Nous savons, à la vérité, qu'il est des immeubles sur lesquels il pèse des charges tellement considérables, que leur affranchissement entraînerait à une annuité d'un chiffre hors de proportion avec le produit de l'exploitation de ces immeubles. Mais, ces charges sont étrangères à l'agriculture ; elles ne viennent, le plus ordinairement, que de l'amour immodéré de la propriété, que de l'ambition qui porte à acquérir, sans avoir de quoi payer. Pour de telles charges, il ne sera jamais d'autre ressource que la voie contraire à celle qui les a occasionnées : la *revente*.

Ces explications font voir que toute somme réellement empruntée pour l'agriculture, étant d'une importance faible relativement à l'exploitation, l'intérêt qui en est exigé est de peu d'influence , et ne sera point un obstacle au paiement de l'annuité libératrice de l'emprunt.

Reste donc, dans toute sa vérité, dans toute sa force, la solution donnée à la question de savoir comment on libèrera l'agriculture des capitaux que ses besoins lui commandent d'emprunter.

Cette solution, qui donne au propriétaire agricole les facilités de libération que réclame son industrie , qui, en quelque sorte, l'assure contre son créancier, fera franchir le premier degré de l'échelle qui mène à l'essor de l'agriculture, et naturellement à l'occupation d'un plus grand nombre de bras à la campagne, à la diminution des bras inoccupés dans les villes.

Les facilités de libération inhérentes à la Caisse d'économie ne s'arrêteront pas aux propriétaires agricoles; elles iront trouver aussi les propriétaires immobiliers des villes , abriteront la position de beaucoup , et , éloignant toutes craintes sur l'avenir, permettront des travaux qui resteront à jamais impossibles, tant que celui de qui ils dépendent redoutera de se voir un jour exproprié.

Enfin, la constitution de la Caisse d'économie répondra, autant que le per-

(1) Quoique nous ne voulions pas entrer dans les détails qui ont trait au produit de l'industrie agricole, nous ne pouvons nous dispenser de relever ce préjugé si commun, qui ne cesse de *le* voir dans les 5 pour cent de loyer environ que tire le propriétaire. Il semble que ce soit à plaisir qu'on persiste dans cette inconcevable erreur, car la raison dit que le fermier ne se livre pas à ses pénibles labeurs, rien que pour la satisfaction de payer une redevance. Reconnaissons-le : il est de règle que le fermier récolte *net* au moins autant qu'il rend au propriétaire, et il est avéré que, dans une culture bien entendue, il récolte au-delà.

Si l'on consulte l'aisance des cultivateurs de la Normandie, de la Beauce,..... on trouvera que, pour ceux qui réunissent les éléments indispensables à une bonne exploitation , les travaux agricoles, tout en présentant dans leurs produits des variations qui tiennent aux variations du temps, présentent, en moyenne, des résultats qui se rapprochent de ceux des autres industries, et quelquefois même les excèdent.

Somme toute, un propriétaire qui se livre à la culture recueille de ses travaux un lucre, dont ce qu'il eût tiré à titre de loyer ne forme souvent que la plus faible partie.

met l'état de notre législation hypothécaire, à l'une des agitations de l'époque. Nous l'avons dit dès l'abord : *libération et emprunt à l'aide d'un papier de crédit* est une pensée qui fermente chez foule de propriétaires. Ils voient dans ce signe monétaire un auxiliaire qui les affranchirait du despotisme des capitaux.

Dans l'impossibilité absolue d'employer actuellement un tel agent, la Caisse d'économie s'avance avec son principe de la concentration, principe qui prend ses lois dans la nature, car les capitaux sont semblables à l'homme : sans force tant qu'ils sont divisés, et puissants aussitôt qu'ils sont réunis. Elle offre à la *dette existante* les actives ressources de ce principe, qui seules peuvent l'éteindre, et à *l'emprunt*, qui leur devra bientôt la baisse de l'intérêt.

Aujourd'hui, le gouvernement en appelle aux efforts de tous pour sortir d'une position qu'il a lui-même caractérisée du nom de *Crise*. A chacun donc d'apporter ce que son intelligence lui a suggéré.

La Caisse d'économie s'approche avec un remède d'une efficacité plus ou moins prompte, contre la partie des maux actuels qui tiennent aux charges de la propriété. Elle a d'autant plus de droit à être écoutée qu'elle fonctionne sans aucun danger, sans émission de papier, sans perturbation à l'ordre de choses établi; qu'elle fonctionne, en un mot, par la seule puissance de la concentration des épargnes; puissance négligée jusqu'à présent, et qui doit cesser de l'être dans un siècle où l'on n'en méconnaît aucune. Son but enfin et ses moyens d'exécution lui assignent une place assez distinguée parmi les efforts qui tendent au bien-être général, pour lui mériter l'appui du gouvernement. Et quel appui encore lui est-il demandé? L'autorisation de se constituer dans l'une des formes voulues par notre loi commerciale. C'est là tout ce que demande une association qui compte des souscriptions pour un million, le Conseil d'administration le plus digne de confiance, des statuts où tous les intérêts sont pondérés avec équité.

Que le gouvernement accueille cette demande, qu'il prête à la Caisse d'économie l'auréole qui toujours environne ce qu'il protége, et les bienfaits ne tarderont pas à s'en faire sentir. A l'instant, les propriétaires embarrassés se tourneront vers ce jour nouveau. Ils y verront: *Epargne et Libération*, et, pénétrés des vérités que nous venons d'exposer, ils saisiront les moyens de salut que l'institution leur offre ; moyens si riches en résultats et pour eux-mêmes et pour ceux qui vivent de leur prospérité.

www.ingramcontent.com/pod-product-compliance
Ingram Content Group UK Ltd.
Pitfield, Milton Keynes, MK11 3LW, UK
UKHW032035260826
14628UKWH00006B/2972

9 782019 659585